Made in the USA
Monee, IL
16 July 2022

99845191R10066